AF210175

Vom Gehen
Vom Sein

Von K. Theo Frank

© 2025 K. Theo Frank
Verlag: BoD · Books on Demand GmbH,
In de Tarpen 42, 22848 Norderstedt, bod@bod.de
Druck: Libri Plureos GmbH, Friedensallee 273,
22763 Hamburg
ISBN: 978-3-7568-7403-3

Zukunft/Vergangenheit

Warum sind's die jungen,
die im Sprung
ins Verderben
ihr eigenes Leben vertun?

Warum sind's die alten,
die davon nichts halten,
stattdessen vorm Sterben
Vergangnes verwalten?

Die Antwort ist klar,
denn das, was schon war,
das hat sich geschickt
in den Menschen verstrickt.
Es ist nicht wirklich weg.

Die Zukunft dagegen
ist lange noch leer.
Versprechen am Meer.

Ein weißes Papier.
Mehr Nächte mit Dir,
ein Kind, neugeboren,
und alles von vorn.

Loyalität

Was auch der General-
major befahl,
er war loyal.
Getreu dem Schwur
stieß er als erster vor.

Ab, durch die Front,
mit wuchtigen Hieben,
den Feind zu besiegen.
Sein Schwert: legendär,
Sein Mut noch viel mehr.
Hat keinen geschont.
So viele, die fielen.

Für seine Taten,
für das Morden,
bekam er sogar
den höchsten Ritterorden.

Eine Woche später dann
fiel er selbst.
Er starb allein im Graben.

Schwermut

Die Helligkeit,
die freie Zeit,
das Blumenkleid,
die Freundlichkeit,
die Herzlichkeit,
das Lachen,
die schönen Sachen,
sie kitzeln
in meiner Nase,
sie ritzen
meine Arme,
sie blitzen
in meinem Aug,
sie flitzen
wie Ameisen über meine Haut.
Ich traure
um die Dunkelheit,
die Einsamkeit,
die Müdigkeit,

die Lautlosigkeit,
den zugefrorenen See,
und mich selbst,
bedeckt von Schnee.

Entscheidungen

Welchen Weg soll ich nehmen?
Den dunklen vielleicht,
oder den hellen?
Den krummen,
eventuell den schnellen?
Den steinigen,
den bereitwilligen?
Bergauf klettern
oder ins Tal brettern?

Was für eine Qual!
Ich will mich nicht entscheiden.
Ich möchte bleiben,
mich beim Alten behalten,
Doch auch das wäre eine Wahl.

Gravitation

Ich falle.
Die Luft pfeift.
Die Geschwindigkeit
wirkt wohl in beide Richtungen
gleich,
denn der Boden nähert sich rasend.
Es gibt Phrasen,
Plagen,
die mir durch
den Kopf jagen.
Ein Werbespruch,
ein Geruch
vielleicht aus einem Buch.

Ich schieb alles fort,
und sehe die Endgültigkeit
sofort.
Nur eins macht mich stutzig:
Es kommt mir nicht

in den Sinn,
warum ich eigentlich gesprungen
bin.

Job weg

Ich wurde entlassen,
nach 25 Jahren,
ich kanns nicht fassen.

Keiner außer mir
kennt die Verfahren.
Keiner hier
kann den Kühler reparieren,
den Prozess einjustieren,
die Sensoren kalibrieren,
keiner außer mir.

Was also wird
aus den Maschinen,
den Turbinen
den Platinen?
Wer programmiert die Routinen?
Was wird aus
den Assistentinnen,

den süßen Sekretärinnen,
mit ihren Mittagsapfelsinen,
den Kuliminen,
und Terminen?

Und was wird aus mir?

Oper

Komm, lass uns ausgehen.
Wir verwöhnen uns
heut Abend mit Kunst,
mit Sekt und Musik,
mit Klang und Gesang.
Und dann
gehts zum Tanzen bis spät.
Endlich ein Date,
nach so vielen Jahren Ehekrieg.

Computer

Der Touchscreen reagiert nicht.
Der Tastendruck notiert nicht.
Das W-Lan kontaktiert nicht.
Der Laptop funktioniert nicht.

Die Kamera, das Mikrofon,
alles kaputt, auch der Ton.
Die Anwenderprogramme,
die Druckerwarteschlange,
die Online-Virenzange,
defekt, verreckt.
Verdammter Dreck!
Angst wird mir und bange!

Wie soll das nur enden?
Wahrscheinlich peinlich,
wenn ich mein eigenes Gehirn
verwenden muss.

Schule

Er ging gern zur Schule,
saß ruhig auf dem Stuhle,
der Ranzen blitzblank,
das Heft auf der Bank,
die Stifte gespitzt,
der Anzug, der sitzt,
die Antwort gewitzt,
von keinem verpetzt
und immer versetzt,
so lief's wie geritzt.

Doch im letzten Jahr
ward er krank.

Und trotz guter Noten,
Auszeichnungen,
Urkunden,
Preisen,
musste er doch

ins Totenreich reisen.

Die Welt war entsetzt,
im Herzen verletzt.
Was ist schon gerecht?

Spaziergang

Der Weg ist noch weit.

An triefenden Kiefern und
schniefenden Igeln
vorbei liefen miefige,
giftgrüne Stiefel
bis weit in die Tiefen.
Die Träger, sie riefen:

"Der Weg ist noch weit!"

Die Viere spazierten,
sie telefonierten,
flanierten, stolzierten,
bevor sie es spürten:

Der Weg ist noch weit.

Im üppgen Gestrüppe

verlief sich die Sippe.
Beim Smartphonegetippe,
nem Schrei auf der Lippe,
fieln sie von der Klippe.
Sieht wer die Gerippe,
dann weiß er Bescheid:

"Der Weg war zu weit!"

Der Übergang

Geh da drüben lang!
Siehst Du den Übergang?

Stell Dir vor,
dieses Tor
führt von der Welt
auf der wir stehen
in eine Welt,
wo die Dinge
fast genauso aussehen.
Und weißt Du,
das ist immer so.
Denn Welten bestehen
aus Straßen mit Schildern,
aus Wänden mit Bildern,
aus Tischen und Stühlen
Aquarium mit Fischen,
und aus Molekülen,
den gleichen Atomen,

und in beiden
kann man wohnen.

Das, was sie teilt,
ist das, was sie teilen:
die Schwelle
Und die
ist flach wie ein Brett.

Der Korridor

Ein langer Gang,
viele Meter lang.
Die Wände
von rechts und links,
laufen am Ende
scheinbar ins Nichts.

Und hoch, an der Decke,
den Lampen voran,
verengt sich die Strecke,
im Korridorgang.

Ich gehe zehn Meter,
doch alles bleibt gleich,
ich stehe schon wieder,
im selben Bereich.

Mein Mund ist ganz trocken,
ich dreh mich erschrocken

und sehe das Gleiche
wie vorn.

Doch wenn ich verharre,
dann werd ich zum Greis,
und lauf ich gerade,
geh ich doch im Kreis.

Gehhilfe

Das Alter ist da!
Der Arzt sagt,
ich brauche
ab diesem Jahr:
eine Gehhilfe,
eine Sitzhilfe,
eine Stehhilfe,
eine Hörhilfe,
eine Sehhilfe,
eine Küchenhilfe,
eine Haushaltshilfe,
eine Gartenhilfe,
Sachbeihilfe,
Sozialhilfe,
und irgendwann vielleicht
Sterbehilfe.
Ich möchte schreien.
Um Hilfe.

Die Leiter

Wohin ich geh?
Nach oben.
Ja, auf den Dachboden.
Warum? Um was zu holen.
Vielleicht auch nur,
um was nachzusehen.
Vielleicht möchte ich
nur mal oben stehen,
um auf Dich herabzusehen.

Rufe

Die Toten rufen mich.
Ich soll zu ihnen gehen,
doch ich muss widerstehen.

Die Toten rufen mich.
Ich sehe sie,
ich erkenne sie wieder.
Seit Jahren
liegen sie tief vergraben.
Ihre Gesichter zerfressen,
vergessen,
und jetzt
tauchen sie vor mir auf,
so plastisch,
so drastisch,
elastisch die Haut.
Ich erkenne sie wieder.

Die Toten rufen mich.

Ich soll zu ihnen gehen,
doch ich muss widerstehen
und Meilen gehen,
bevor ich schlafen kann. [1]

---

[1] "Stopping by Woods on a
Snowy Evening" von
Robert Frost

Platz da!

Geht mir aus dem Weg!
Steht nicht dumm rum,
zur Seite mit Euch! Weg!

Macht den Zugang frei!
Nein, ich bin nicht von der Polizei.
Trotzdem muss ich vorbei.

Warum ich
so fordernd bin?
Warum ich
so entschlossen bin?

Ich sag's Euch,
obwohl es klar
auf meiner Stirne steht:
Ich weiß immer
wie es richtig geht.

Schiffsreise

Die Gischt,
sie tost ums Schiff,
um Bug und Heck.

Versteck Dich
vor dem Sturm.
Der Regen peitscht
schon gegen die Bullaugenscheiben.

Das Schiff, es schwankt.
Die Wellen steigen.
Setz Dich, halt Dich fest,
dann wirst Du nicht krank.

Ja, es ist gefährlich.
Seien wir ehrlich:
Schon so manches Schiff
lief gegen ein Riff
und sank.

Schau, der Himmel klart.
Was für ein wunderbares Licht spart
mir den Atem.
Soll ich Dir was verraten?
Die Fahrt ist am Ziel!

Neuland

Nach Neuland
verlangt der Verstand.

Den Schritt zu wagen,
das Klagen,
die Wehen,
auf sich zu nehmen.

Nach Neuland
greift deine Hand.

Nun ist es so weit
und außer Kontrolle.
Das Leid,
die Dunkelheit,
die verlorene Zeit,
all das
spielt jetzt gar keine Rolle.
Es ist so weit.

Nach Neuland
greift eine winzige Hand.

Genehmigung

Ich muss heut aufs Amt.
Verdammt!
Ich hab meine Akten verschlampt.

Die ganzen Belege
lagen ständig im Wege.
Hat mich das aufgeregt.
Aber wo hab ich sie
bloß hingelegt?

Vielleicht in die Schublade,
unter den Couchtisch
auf die Ablage,
ins Küchenregal,
neben die Marmelade.
Oder – das wär fatal –
ich hab sie zerknüllt
den Mülleimer
damit gefüllt.

Der bürokratische Mist.
Ha, ich weiß, wo er ist,
Er liegt auf dem Tisch,
bereit für mich.
Danke mein Schatz!

Zur Geburt der belgischen Nation (Moritat)

Ihre guten und christlichen Leute,
die Freiheit fängt nun für uns an.
Da unsere Feinde vertrieben,
der Norden im Norden geblieben,
sing ich euch, wie alles begann,
sing ich euch, wie alles begann.

Es lebte ein Kaiser in Frankreich,
der hat seine Freude gehabt
an Schlachten im tiefsten
Schlamme,
auf Bergen am höchsten Kamme,
im Herzen ein braver Soldat,
im Herzen ein wahrer Soldat.

Sein Heer war das beste im Felde,
schnell, wendig, mal eins, mal
geteilt,

so nahm er Italiens Ehre,
kehrt heim mit gerecktem Speere
ins Bett seiner stattlichen Maid,
ins Bett seiner stattlichen Maid.

Ich frage mich, wer von den beiden
die Bettschlacht am Ende gewann.
Kaum glaublich, dass Josephine
beeindruckt vor ihm niederkniete,
was Großes war nicht an ihm dran,
was Großes war nicht an ihm dran.

Doch stieg er hinauf, dank
Josephine,
und hat sich am Ende gekrönt,
Napoleon aller Franzosen,
in Blaurock und schneeweißen
Hosen,
hat er nach der Schlacht sich
gesehnt,
hat nach der Schlacht sich gesehnt.

Er schickte die Truppen gen Osten,
mit Russland lag er dort im Krieg.
In Austerlitz hat er taktieret,
das Habsburger Heer massakrieret
und schließlich die Preußen besiegt,
und endlich die Preußen besiegt.

Doch statt sich zufriedenzugeben,
brach er nur fünf Jahre darauf
von Siegesgewissheit berauschet
mit knapp über
sechshunderttausend
Soldaten nach Moskau auf,
Soldaten nach Moskau auf.

Es kam, was der kleine Korse
für möglich gehalten nicht hat.
Die Grande Armee war erfroren,
der Feldzug am Ende verloren,
die Krieger, sie lagen im Grab,

die Krieger, sie lagen im Grab.

Nur drei Jahre später in Belgien,
bei Waterloo, die letzte Schlacht.
Napoleon wurde gefangen,
aus Frankreich tat man ihn
verbannen
und hat ihn per Schiff weggebracht,
weit weg auf 'ne Insel gebracht.

So mancher hält ihn für den
größten
und schlauesten Feldherrn der Welt.
Es werden von glühn'den
Verehrern,
die Siege von Lodi bis Mähren,
besungen und weitererzählt,
besungen und weitererzählt.

Doch hier ist die Wahrheit, ihr
Leute:

Napoleon war kein Genie.
Hat stets sich im Kampf
übernommen,
so musste es irgendwann kommen:
Das Kriegsglück ging schließlich
perdu,
Das Kriegsglück ging völlig perdu.

Auch galt er als Freund der
Soldaten,
saß mit ihnen beim Feuerschein.
Millionen sind trotzdem verreckt!
Mein Sohn lag verblutet im Dreck!
Kein Feldherr war er, nur ein
Schwein,
kein Feldherr war er, nur ein
Schwein.

Er hat manchen Vater genommen,
den Onkel, den Bruder, den Sohn.

Statt Freiheit der brüderlich
Gleichen
entstiegen nur Krüppel und Leichen
Napoleons Revolution,
Napoleons Revolution.

Zum Dank ward das Land unsrer
Mütter
als unglücklich weinende Braut,
noch während der Wiener Charade
dank Freiherr von Gagerns Kabale
und Metternichs maßloser Gnade
den Holländern angetraut,
den Holländern anvertraut.

Fritz, Alexander und Franzl,
die waren sehr stolz auf den Streich.
Denn zwischen den großen
Franzosen
und ihren Gebieten im Osten
lag nun ein gewichtiges Reich,

lag nun das Vereinigte Reich.

Die Nordländer nutzten den Vorteil
und machten das Parlament
trotz Mehrheit der Belgier im
Lande,
dem Reiche zur ewigen Schande,
zum eigenen Machtinstrument,
zum eigenen Machtinstrument.

Und Willem, der gierige König
hat uns mit den Steuern erstickt,
die Sprache wollt er uns verbieten,
uns calvinistisch verbiegen,
wo's ging, hat er uns unterdrückt,
wo's ging, hat er uns unterdrückt.

Da, endlich erglühte der Funke
zur belgischen Revolution.
Das Volk, wild vom Operngesange
um Liebe zum Vaterlande,

entflammte die Situation,
entflammte die Situation.

So floss unser Blut auf den Straßen
im Kampf für die Autonomie.
Und Willem, der schickte Soldaten,
die Aufstände niederzuschlagen
und pfiff auf die Diplomatie,
er pfiff auf die Diplomatie.

Doch hat sich der König verrechnet,
denn seine Armee die bestand
vor allem aus belgischen Leuten,
die wechselten zügig die Seiten
und schlossen den Kämpfern sich
an,
und schlossen den Kämpfern sich
an.

Nachdem wir den grimmigen
Herrscher

vom Hause Oranien geschasst,
da wehte die Trikolore
schwarz-golden und rot vor dem
Tore
am Brüss'ler Nationenpalast,
am Brüss'ler Nationenpalast.

Da sann unser Willem auf Rache,
und Holland schrie laut: Frevelei!
Wie einst der französische
Schlächter,
doch mit dem Verstande viel
schlechter,
marschierte er mordlüstern ein,
marschiert er in Belgien ein.

Wenn Eitelkeit, Dummheit und
Gier,
sich eint unter Bannern von
Kön'gen,
und brechen aus jeglicher Bahn,

wird irrer, blutgeifernder Wahn,
die Menschen zu Tausenden töten,
die Menschen zu Tausenden töten.

So wurden die Belgier grausam
beschossen von Marschall Gérard.
Bei Hasselt und Löwen geschlagen,
zwei schreckliche Niederlagen,
das Volk schien in größter Gefahr,
verzweifelt nicht ob der Gefahr.

Surlet und das Parlament hatten
inzwischen den König gewählt.
Dank Leopold auf userm Throne,
Armeen der französischen Krone,
schlug Willems Eroberung fehl,
schlug Willems Eroberung fehl.

Die stolze Festung Antwerpen,
fiel wieder in belgische Hand.
Die Niederlande geschlagen,

in London zum Frieden vertragen,
war Willem für immer gebannt,
war Willem für immer gebannt.

Auch wenn wir so vieles verloren
an Willem und Napoleon,
hat Krieg uns die Wege geebnet,
von unserem Blute gesegnet,
zu Belgiens eigner Nation,
zu Belgiens frommer Nation.

Drum lassen wir's heut uns gefallen,
im Land, das wir glühend erstrebt.
Die Freiheiten, die wir errangen,
sind hier nun für immer gefangen,
für alles, das unter uns lebt,
für jeden, der mit uns hier lebt.

Geh zu ihr!

Geh zu ihr!
Warum sitzt Du noch hier?
Du traust Dich nicht?
Du meinst, sie will dich nicht?

Hast Du's schon probiert?
Nen Tisch reserviert?
Ihr imponiert?
Sie vielleicht schon verführt?
Ja oder Nein?

Nein?
Weißt Du was, lass es sein!
Wenn Du sie nicht willst,
Deine Chance verspielst,
werde ich für Dich gehen.
Machs gut! Wiedersehen.

Gefangenschaft

Drunten im Brunnen verstummen
die Schreie.
Verzeihe!
Doch leider
kann der Stumme,
der Krumme,
der Dumme,
das Eigne,
das Freie,
das Kleine,
die Kunst,
verschwunden
im Dunst
unserer gemeinsamen,
von Leinsamenkeimen
verhunzten Stunden,
keinesfalls weiter
alleine da unten
verblassen lassen.

Trennung mit Hindernissen

Sie wollte gehen,
mich nicht mehr sehen,
mich verlassen.
Sie war sauer, und wie!
Nicht mal anfassen
durfte ich sie.

Sie sagte,
dass ich sie mies behandle,
mich gar verwandle
in ein Tier,
eine Gefahr.
Ich sei eine Bürde.
Nein,
für uns beide würde
es nie mehr so sein
wie es war.

Nun, das ist wahr.
Denn jetzt sitzt sie stumm
im Sessel
ganz krumm.
Bewegt sich fast nie.

Ich liebe sie
wie nichts auf der Welt,
auch wenn ihre Haut
in Fetzen zerfällt.

Hast

Sie raste zum Meeting,
fürs tägliche Briefing,
danach zum Boss
ins Obergeschoss,
auf der Etage:
Besprechung der Lage
auf der Plantage,
danach zur Massage,
Pediküre,
Maniküre,
Drehtüre,
mit dem Kind in den Zoo,
noch mal ins Büro,
zum Einkaufen,
nach Haus zum Verschnaufen,
danach in die Bar,
bezahlen in bar,
Geschäftsfreunde, Küsschen,
man sieht sich und Tschüsschen,

los, raus aus dem Laden,
ins Auto und starten,
Schnell, hin zum Schatze,
auf seine Matratze,
unter die Brause,
dann wieder nach Hause,
zum Ehemann,
nur kam sie da – nie an.
Nun liegt sie im Sarg.
Herzinfarkt.

Eifersucht am Telefon

Wann kommst Du denn?
16 Uhr?
Ich frage nur ...
Ja, das Abendessen.
Du hast es also nicht vergessen.

Ich leg' jetzt auf.
Ja, ich liebe Dich auch.
Wo ich gerade bin?
Na, zu Haus.

Was ich gerade mache?
Was soll die Frage?
Also, bis um vier.
Was, Du bist schon hier?
Du stehst hinter mir?

Du bist ja wirklich ...
Wer? In unserem Bett?

Steck das Messer weg!
Es ist nicht so ...
Ich ...
Nicht!!!

Gottes Zorn!

Du, komm nach vorn!
Ja Du!
Beug Dich vor,
mach die Augen zu.

Was ich jetzt tu,
ist zu Deinem Besten.
Und alle andern
schauen bitte zu.

Warum? Fragst Du?
Weil wir alle mit Dir leiden müssen,
ja wir.

Denn alle hier
tragen die Schuld
an Deiner Sünde,
jeder ein Stück.

Und jetzt hab Geduld,
nur einen Augenblick,
dann ist es vorbei
und wir alle sind frei.

Überfluss

Er hat nur gestopft,
direkt in den Kopf,
Fakten,
Daten,
Meinungen,
Erscheinungen,
bloß kein Vergessen,
und Essen,
leckeren Braten,
Tomaten
aus dem Bioladen,
Salat mit Öl aus Raps
und was zum Saufen:

Bier und Schnaps,
Kaffee mit Zuckerersatz,
einen Haufen
Mate-Tee-Mix,
und Sex

mit Typen und Chicks.

Doch einmal,
beim Einkaufen
da fing er an überzulaufen.
Man kann auch
Vom Brechen
sprechen.

Mutprobe

Da, siehst Du die Bahn,
sie kommt grad an.
Ja, es ist dunkel hier,
damit uns niemand entdeckt.

Also: Du gehst zum Heck,
dort steigst Du auf die Kupplung,
ziehst Dich an der Tür nach oben
aufs Dach.
Denk an die Rundung
Da rutscht man leicht ab.

Oben legst Du Dich flach!
Hinter dem Tunnel
kommt schon
die nächste Station.
Dort kletterst Du runter.
Kapiert?

Ich verspreche Dir,
wenn das klappt,
dann gehörst Du zu uns,
zu den Jungs,
denen keiner was sagt!

Missbrauchte Liebe

Der Typ dort, der mit der blonden
Braut.
Der hat mich
blöd angeschaut.
Los, geh hin,
brich ihm das Kinn.
Du bist nervös?
Was? Zu muskulös?

Wenn Du mich
wirklich willst,
dann sieh zu,
dass Du ihn
für mich killst.

Verkehrsunfall

Ein Knall,
ein Unfall!
Halt mal,
halt mal an!
Ich kann
einen Verletzten sehen.
Lass uns aussteigen und rübergehen.
"Hallo, können sie mich verstehen?"
Wir müssen ihn auf die Seite
drehen.
Wie konnte das nur geschehen?
Es gab keinen Grund,
keine Schuld,
keinen Fehler
vom Fahrzeugführer,
keine Motivation,
keine Intention,
keine Kausalität,
etwas, das keiner versteht.

Ein reiner Zufall,
einfach nur Pech.
Mir wird schlecht.

Der Untergang

Die Firma ist pleite
zu Hause nur Streit,
die Frau lässt sich scheiden,
das Töchterchen weint.

Und mein süßes Häschen?
Das machte schnell Schluss.
Verwöhnt jetzt
den Nächsten,
mit samtenem Kuss.

Der Arzt sagt, ich hätte
wohl nicht mehr viel Zeit.
Nur wenige Tage,
dann sei es so weit.
Ich kaufe mir Farbe.

Ich male die Scheune,
so an wie's mir passt,

leb frei ohne Reue
oh Mann, macht das Spass.

Fake Science

Warum hat sie keiner gesehen,
zwei Fische auf Beinen, die gehen.
Das Leben entstand
schließlich an Land,
da muss es doch Gehfische geben.

Waffen

Als Waffe gib
Ede: die Rakete
Tom B.: die Bombe
Herr Schäfer:
den Raketenwerfer
Herr Fritz: das Geschütz
Frau Fritz: die Haubitz
Seinem Sohne: die Kanone
Anne: die Flamme
Renate: die Granate
Karin: die Gatling
Ihrem Verehrer:
das Sturmgewehr
Ole: die Maschinenpistole
Holger: den Revolver
Annett: das Bajonett
Wenn die Klingen zerbrochen,
die Kugeln verschossen,
schärfe allen: die Krallen

Das gelobte Land

Gleichland, niedergebrannt!
Auf, nach
immer Andersland,
ins ewig
unstete Glück.

In die Welt gehen

Kommt man zur Welt,
bekommt man sie,
im Schlaf.

Geht man in die Welt,
betritt sie,
wird man wach.

Wir gehen miteinander

Ein Kuss an der Bushaltestelle.
Eine leichte, sanfte Kopfbewegung,
ein Nicken, ein Lächeln,
Luftzufächeln.
Da ist Licht
auf meinem Gesicht.
Wie ähnlich wir uns sehen,
beinahe wie Zwillinge.
Ich singe innerlich,
wenn wir miteinander gehen.

Noahs Reisevorbereitung

Ich packe meinen Koffer und
nehme mit:
Zwei Löwen,
zwei Möwen.
Zwei Ratzen,
zwei Katzen.
Zwei Ziegen,
zwei Fliegen.
Zwei Affen,
zwei Giraffen.
Zwei Pinguine,
zwei Gürteltiere.
Zwei Ameisen,
zwei Kohlmeisen.
Zwei Bienchen,
zwei Kaninchen.
Zwei Heuschrecken,
zwei Nacktschnecken.
Zwei Geparden,

zwei Leoparden,
noch viel mehr Arten
und jede Menge Wut
auf diese gottverdammte Flut.

Gehen und Denken

Wie denkt sich's am besten?
Beim Liegen,
beim Lieben?
Beim Blick in die Ferne,
den Himmel voll Sterne?
Beim Essen,
beim Lesen,
bei Stress oder Stille,
nackt oder in Hülle?

Die Antwort ist einfach gedacht:
Gedanken sind Wesen,
wolln leben und lenken,
sie brauchen das Draußen,
befrein sich beim Gehen.
So denken sie selber ihr Denken.

Alleinsein

Heut geh ich zum Strand,
ganz allein.
Mann und Kind
bleiben daheim.

Ich spüre den Wind,
lauf durch den Sand,
unter den Palmen entlang,
ich springe,
schwimme
so schnell ich kann,
durch die Korallenbänke,
eng zusammen
mit den andren,
es mögen so an
die hundert Leute sein.

Doch kenn ich sie nicht,
kein einziges Gesicht.

Keiner spricht mich an.
Keiner fragt mich "Wann?"
und "Wo?"
Keiner befiehlt: "So!"
Ein freies Gefühl,
allein
in dem Gewühl.

Sein oder nicht sein

Gestern rannte
er wieder über die Straße.
So sehr er sich auch beeilte,
der Bus war bereits abgefahren,
schon wieder.
Und wie immer war er leer.

Er wäre der einzige Fahrgast
gewesen.
Der Fahrer hätte auf ihn warten
können,
dann wäre er nicht so allein
auf seiner Tour.
Er ärgerte sich
fürchterlich,
als ihn plötzlich
Schmerz durchfuhr.
Er befühlte sein Bein
und musste stöhnen:

"Verdammt!"
All die Last, die Hast,
und jetzt geht gar nichts mehr.

Er streckte die Glieder.
Es ward ihm schwer
in der Brust.
Er keuchte, verweilte,
dann brannte sein Bauch.
Er kratzte schuldbewusst
die Nase
und fiel plötzlich nieder,
Er verpasste der Bus
niemals wieder.

In der Welt sein

Hallo Welt!
Gib mir Geld!
Füttere mich!
Bring mir Wasser,
besser ein Bier!
Kauf mir
Mantel und Mütze!
Unterhalte mich,
mach ein paar Witze!
Bau mir ein Haus!
Besorg mir
eine schöne Frau,
eine reiche Frau!
Eine Millionärin reicht aus!
Kümmere Dich
um mich!
schließlich wachse ich grade – in Dir!

Sie war aus Zuckerglas.

Sie war so zart,
so apart,
von lauschend leiser Art,
fein und blass,
zerbrechlich wie Glas,
wispernd wie Wind im Gras.

Er war aus Holz,
ein Klotz
und auch noch drauf stolz.
Er brüllte aus voller Brust,
gab ihr einen fetten Kuss
mit grober Lust.
Doch weinte er
ganz allein,
im Regen,
als sie schmolz.
Er hatte ganz vergessen:
Sie war aus Zuckerglas.

Verdammt sein

Glühende Kohlen und brennende
Asche
regnen aus Feuerwolken.
Die Fußsohlen verschmoren
in der Wut
der Feuersglut.
Böse lacht es und facht
die Flammen an,
ich kann
mich nicht bewegen,
der Säureregen
brennt auf meiner Haut.

Die Furcht
fliegt durch mich hindurch.

Zu spät für Bekehrung.
Ich habs versaut,
ward verdammt,

denn ich habe geschlampt –
bei der Steuererklärung.

Verärgert sein

Lass mich in Ruh!
Nein, ich hör Dir nicht zu.
Mann! Fass mich nicht an!
Was, einen Kuss?
Etwa für Dich?

Du sagst: Entschuldigung?
Du bittest um Verzeihung?
Und für was?
Ist Dir überhaupt klar,
was vorhin war?
Was Du mir angetan hast?

Du willst mich beschenken?
Mit Rosen, tiefroten?
Vergiss es!
Und wären es Millionen,
sie würden mich
nur kränken.

Du kannst's
nicht verstehn?
Du hältst's nicht mehr aus.
Ich soll Dir verraten,
was Du tun kannst?
Okay, ich will's Dir sagen:
Verlass dieses Haus!
Du kannst gehn!
Auf der Stelle!

Aber vorher
trägst Du mich endlich über
Schwelle!

Zahnärzte

Mit Bohrer und Zangen
und stählernen Spitzen
bringen sie mich zum Schreien, zum
Würgen und Schwitzen.

Ich schlucke und stöhne,
das Kreischen und Dröhnen
brennt mir in den Ohren
und vor lauter Schmerzen
spür ich kaum das Bohren.

Doch an manchen Tagen,
bei Gutwetterlagen,
verschmelzen die Ärzte
mit den Instrumenten
in ihren Patienten
zu Wesen aus Fleisch,
Keramik und Stahl,
sind, trotz aller Qual,

symmetrisch und klar
und berechenbar,
beinah ideal.

Sie alle sind dann gleich
wie die wöchentlichen
Öffnungszeiten
an den Seiten
ihrer Praxistür.

Schön sein

Alle schauen mich an,
nicht mit den Augen
das trauen
sie sich nicht.

Doch an den gesenkten Blicken
auf tickende Uhren
kann man erkennen,
dass sie sich am liebsten,
nach mir umsehen würden.

Wer wird der Erste sein?

Hässlich sein

Alle schauen weg,
nicht mit den Augen,
das trauen
sie sich nicht.

Doch hinter den Blicken, dem
Alibi-Nicken
kann man erkennen,
dass sie sich am liebsten
von mir abwenden würden.

Wer wird der Erste sein?

Schreckhaft sein

Hinter jedem Eck
Versteckt sich
der Schreck.

Er springt plötzlich hervor,
brüllt mir ins Ohr,
sticht mir ins Auge.
Ich glaube,
der hat persönlich
etwas gegen mich.

Im Wald, wenn es dämmert

Es dämmert im Wald.
Die Amsel raschelt
im Strauch.
Der Specht,
sieh, er hämmert.
Die Grillen im Gras
zirpen noch was,
klingt nach Kriegsmusik.

Hoch sind die Bäume,
doch schau ich hinauf,
wo der Himmel,
von Tausend und
Tausenden Blättern
verdeckt sich versteckt,
sich das letzte Licht
an den Blattkanten bricht,
atme ich auf,
bin eins mit dem Wald.

Bald ist es Zeit.
Ich breche auf,
die Nacht zieht herauf.
Sie nimmt im Wald
ihren finsteren Lauf.

Wer bereut schon,
was ihn erfreute.

Besorgt Sein

Ein Stern zersplittert,
das All erzittert.
Schweifende Kometen
bombardieren Planeten.
Ganze Arten ersticken
im Qualm der Fabriken.
Wölfe reißen im Schnee
ein blutjunges Reh.

Dein Zeh tut weh?
Zeig her! Oh je!

Vergebung

Die Sammlung Münzen
und den Haufen
an Büchern
kannst Du ruhig verkaufen.

Das Geld auf der Bank?
Behalt es einfach.
Die Sachen aus dem obersten Fach
im Schrank
kriegt mein Vater.

Der Kater?
Du willst ihn doch nicht etwa ins
Tierheim geben?
Das wird er nicht überleben!
Du musst
ja wissen, was Du tust.
Also, machs gut!

Ich weiß, Du wirst mich vermissen.
Abschiede sind echt beschissen!
Vergib mir meine Missetaten?
Ach, ich war so gern ein
Satansbraten.

Mein elektronischer Freund

Du bist so klug,
weißt alles sofort
und besser als ich.
Ohne Dich
fehln mir Geduld,
Konzentrationsfähigkeit,
und Selbstsicherheit.
Weißt Du was: Daran bist Du
schuld.

Die Wahl

Geworfen wird man in die Welt,
egal ob einem das gefällt.
Und wählt man sich
das eigne Ich,
ist man dafür verantwortlich.

Am Abhang

Ist schon verrückt:
Einen Schritt zurück,
kein Unglück,
keine Trauer
an der Friedhofsmauer,
keine Gebete,
keine Tränenrede.

Ist schon verrückt.

Einen Schritt zurück,
nur Glück,
verzückte Luftküsse,
Salutschüsse
Feten
mit Pauke und Trompeten
und eine krachende,
lachende Jubelrede.

Menschenballett

Bei der Beratung,
auf der Tagung,
beim Wettstreit,
auf der Hochzeit,
beim Shoppen,
beim sich Kloppen,
im Zoo,
auf dem Bahnhofsklo,
im ÖPNV,
auf der Gartenschau,
im Museum
in der Ausstellung
ist die Begegnung
eine Bewegung,
sie ist koordiniert
und raffiniert
organisiert
wie ein Ballett,
geführt

von unsichtbaren Ketten,
unschuldig,
ungeduldig,
unbewusst,
und ein Arm,
berührt hin und wieder
einen andren.

Mensch sein

Das Mensch-Sein
ist ein Weise zu sein,
in der, je nach Bedarf,
man Bäcker,
Dachdecker,
Entdecker
und Justizvollstrecker
sein darf.

Aber die Sachen,
die menschlich machen,
sind das Lachen,
das Sorgen ums Morgen,
die Freude am Heute,
die Angst vorm Vergangnen
und das Verlangen,

Werden sie entsorgt,
gehäutet,

abverlangt,
erbeutet,
verborgt,
gibts statt Menschlichkeit
nur noch leere Zeit.

Mut zur Lüge

Die Wahrheit ist einfach.

Zu lügen ist kompliziert,
alles, was man von sich gibt,
muss konsistent sein,
logisch erscheinen, überzeugend,
ausgereift.

Die Lüge verlangt Fantasie,
doch sie wird nie
befriedigend sein,
sie ist steif,
es fehlt ihr der Schein,
es mangelt ihr
an Unzulänglichkeit,
an Unsicherheit,
und die sind eigentlich
die Wahrheit.

Aussterben

Eure Zeit ist vorbei,
egal was Ihr tut,
wie sehr Ihr Euch wehrt.
Nichts wird mehr gut.
Vergesst Eure Pläne,
Eure Glückssträhne
ist gerissen
und keine Träne,
könnt Ihr vergießen,
die irgendwas ändert.

Ihr hattet Eure Chance,
Ihr habt sie vertan.
Jetzt sind wir dran!

Julius Cäsars Sekretärin

"Herr Cäsar?"
"Ja!"
"Ich geh jetzt heim.
Kommen Sie klar?"

"Ja, Fräulein Flora!
Kein Problem!
Machen Sie Schluss!
Ich muss
auch gleich gehn,
zum Senat."

"War das geplant?"

"Ach!
Meine Freunde Brutus
und Longinus,
die haben mich kurzfristig gebeten,
über den Feldzug zu reden."

"Dann bestellen Sie
einen schönen Gruß."

"Ja, Fräulein Flora! Machen Sie's
gut!"

Cäsar beobachtet ihre nackten
Knöchel.
Die Sohlen klackten über den
Marmorflur.
Er lächelt nur.
Morgen gebe ich ihr
endlich einen Kuss.
Das nahm er sich vor.

Ewige Ruhe

Jeder bewegt sich.
Alles ist hektisch,
so schrecklich aufgeregt,
wie ein Bienenschwarm,
im Daueralarm.

Die Autos bringen
permanent Zement
auf die Baustellen.
Das Baumfällen
hält mich wach.
Ich hasse diesen Krach.
Fast freue ich mich
auf den Schlaf danach,
auf den letzten Verdacht
von dem was sich träumt,
sich aufbäumt,
sich lachend in den Weg räumt,
hoffentlich ohne Krach.

Gewesen

Aus "Du bist,
Du isst,
Du brauchst,
Du erlaubst,
Du sorgst,
Du borgst,
Du bringst es zurück,
Du bist verrückt,
wenn Du mich küsst,
mich verwirrst",
wurde entsetzlich plötzlich:
"Du warst!"

Dabei wirst Du für immer
– vermisst.

24 Stunden

Sein,
morgens verborgen,
am Mittag mein,
am Abend ganz Dein.
Nach(t)sorgen.

Ein Schwein sein

Leg Dich hin,
bloß keinen Mucks
und falls Du zuckst,
bereust Du es, garantiert.

Wenn ich mit Dir fertig bin,
gehen wir vor zum Tresor.
Du schließt ihn auf
und holst das Geld raus.
Red Dich bloß nicht raus.
Ich weiß, Ihr seid reich.

Warum ich so bin?
Schlechte Kindheit?
Mentale Krankheit?
Unterdrückte Minderheit?
Drogenabhängigkeit?

Nein,

keine Spur!
Ich bin einfach nur
ein Schwein.

Ist heute Montag?

Ist heute endlich Montag?
Ich mag
diesen Tag.
Aber ich weiß schon,
dass Du das nicht begreifst,
nichts davon.

Ich frage Dich:
Was ist das für ein Wochenende,
an dem Deine Hände,
ständig an dem Motorblock
und den Zigarettenstummeln
herumfummeln
mit denen Du
die ganzen Tage
in der Garage hockst.

Du verstehst ja gar nicht,
was ich sage,

meine Lage,
meine Klage,
wie ich verzage,
nicht einmal vage.
Und weil Du's nicht raffst,
es nicht schaffst,
nur vor Dich hin gaffst,
sind meine Lieblingstage
die Montage.
Dann fährst Du wieder
auf Montage.

Zusammensetzung

Zwei Beine

plus zwei Füße

plus zwei Arme

plus zwei Hände

plus zwei Augen

plus zwei Ohren

plus zwei Brüste

plus zehn Zehn

plus zehn Finger

plus zweiunddreißig Zähne

plus 206 Knochen

plus 100.000 Haare

ergeben noch keinen Menschen.

Urlaub

Ich glaub,
ich brauche Ferien.
Ich bin so unendlich müde,
kriege kaum noch
die Augenlider hoch.
Komm nicht mehr
aus dem Bett.

Meine Zunge schmeckt salzig,
das Frühstück ranzig,
das Besteck ist verdreckt.

Im Büro haben
die Leute andere Gesichter.
Sie klagen, sie verzagen,
und reden wie hinter Glas,
ganz dumpf.
Selbst die Aktenvernichter-
Schere ist stumpf.

Auch Du bist anders,
ganz blass,
indifferent.
Dein Haar ist fast transparent.

Ich glaub,
ich brauche Urlaub.

Geburt

Es ist angenehm,
sehr bequem.

Ich will nicht gehen,
nichts sehen,
nichts verstehen.

Ich will bleiben,
lass mich treiben,
will mich nicht streiten,
nicht leiden,

nicht lieben,
mich nicht verbiegen,
nicht verlieren noch siegen,

will mich verbergen,
nicht groß werden
und nicht sterben.

Oh nein!
Jetzt gehts los!

Verschwörungstheorie

In einer kalkulierten Welt,
gibts keinen Hund, der zufällig
bellt.
So ist "frei" freilich
nur dann begreiflich,
wenn man's für ne Verschwörung
hält.

Ruf des Gewissens

Die Zeit, sie schreit
wie ein Pärchen im Streit
man hört sie von weit.

Die Härchen stehen steil.
Die Pfeile im Nacken
lassen die Wirklichkeit knacken,
lassen sie brechen
ohne zu sprechen,
ohne zu klagen
oder zu sagen,
warum sie versinkt.

Nur manchmal springt
ein Kind
von Scholle zu Scholle –
dorthin, wo es wirklich beginnt.

Lebensangst

Eine Gabelung:
Ich gehe nach links.
Eine Kreuzung:
Ich lauf gradeaus.
Eine Abzweigung:
Ich schwenke nach rechts.
War das recht?

Wär ich nun
an der Gabelung
nach rechts gelaufen?
Alles wär anders verlaufen,
vielleicht fataler
vielleicht optimaler.
Welcher Weg, frage ich,
ist richtig für mich?

Jetzt muss ich erst einmal
zum Einkaufen.

Hölderlin

Das halbe Leben Drang im Sturm,
die andre Hälfte Nacht im Turm.
Zwischen den Göttern
und Götter-Spöttern
zerriss das Individuum.

Ich, Alexander der Große

Oh Zeus, oh Gottvater,
Du zeugtest mich,
auf dass durch meine Adern
fließe göttlich Blut.

Geboren ward ich
zum Führen,
gerüstet mit Ehr,
ich konnt's immer
schon spüren.
So führt ich mein Heer
zum östlichen Meer.

Bald lagen die Schwerter
der Perser
im Staub vor den Toren
von Halikarnassos.

In Gordien durchschlug

ich den Knoten im Streich,
der Weg war nun frei
für den Zug
durch des Daraios Reich.

Aufs Heer von König Daraios,
stieß ich vor Issos.
Seine Taktik war einfallslos,
keine Gefahr.
Mein Sieg war glasklar
und so wunderbar.
Ich kam bis Damaskus.

In Ägypten, wo man mich Pharao
hieß,
wo ich Alexandria bauen ließ,
schöpfte ich Kraft.
Doch zum Ende
meiner Reise
ward mir die Stadt
in keiner Weise.

Ich jagte Daraios
und traf ihn am Tigris.

Sie waren überlegen,
doch wir waren verwegen.
In Gaugamela warfen wir
alle Kraft
und alle Wut
und allen Mut,
mit aller Macht
in die Schlacht.

Ich kämpfte mich vor,
ich schwor,
den Feind zu besiegen,
doch konnte er fliehen.

So marschierte ich
auf Babylon,
die prächtige Stadt
am Euphrat.

Und nach Persepolis,
ins Feuer,
das ich entfachte
und lachte
vor Freude
auf meine Rache.
Doch Daraios war tot,
in der Wüste ermordet
vom Verräter,
dem schändlichen Täter.

Voll wütender Gram
zog ich nach Afghanistan,
dort fand ich Roxan,
sie war schön wie die Welt.
Bald waren wir vermählt.
So wurde ich selbig
zum persischen König.

Doch war's nicht das Ende.
Ich wusch

mir die blutigen Hände
und überquerte
des Hindukuschs
schneebedeckte Berge.
Klein wie die Zwerge
krochen wir über Pässe
durch Kälte und Nässe,
blickten schließlich hinunter
auf die indischen Wunder.

Wir durchdrangen die schwülheiße
Weite,
bis zum Streite
mit Indiens Reitern.
Und wir warfen sie nieder,
die tapfren Soldaten
und Kriegselefanten.

Doch ich wollte weiter,
der Erde zum Ende,
zum Grenzwall der Welt,

der Zauberlegende
von der man erzählt.
Kein Reiter zu Pferde
vermag sie zu schauen.
Ich fasste Vertrauen.
So trug uns der Indus, flussabwärts,
durchs Herz von Punjab.

An der Mündung kühlten des
Ozeans Wellen
der Helden Hände.
Ich sah, dass Ende
ist Anfang zugleich,
die Erde so reich
an Unendlichkeit.

Zurück in Babylon
träumte ich schon
vom nächsten Kriege,
da befiel mich das Fieber.

Und nun, mein Freund,
ist es soweit:
es endet die Zeit.
Wenn der Tod mich ereilt,
verweilt mein Geist
in der Stadt
die meinen Namen
in ihrem hat.
In ihr sucht mein Grab,
denn dort werd ich sein
nicht siechend,
nicht kriechend
oder Übel riechend,
sondern strahlend und rein,

ich, Alexander,
König der Griechen.

Doppelmord in Limerick

Die Winde, sie peitschten den
Wagen.
Es regnete nun schon seit Tagen.
Der Inspektor fror,
doch hatte er vor
noch heute Herrn Hyde zu
befragen.

So hielt er direkt vor der Anstalt,
stieg aus, es war immer noch kalt.
Die hierher gelangten
waren schuldig an Taten
von roher, brutaler Gewalt.

Der Inspektor stapfte
zum Tor
Sein Läuten drang laut ihm ins Ohr.
Ob Hyde es getan?
Heut kam es drauf an.

Die Schwester lotst ihn in den Flur.

"Herr Hyde sagt, er sei jetzt bereit",
erklärt sie, streicht sich übers Kleid,
Wie Unschuld so weiß,
dacht Inspektor Pryce,
doch kalt wie das arktische Eis.

Die Schwester hilft ihm aus Mantel,
von fern hört man Schrein und
Getrampel.
Sie gehen den Gang
zum Saale entlang.
Dort saß der Herr Hyde unter
Andren.

Er döste in seinem Rollstuhl,
Inspektor Pryce setzt sich dazu.
Hyde war schon sehr alt,
roch nicht nach Gewalt,
sein Lächeln war freundlich, ja cool.

"Herr Hyde, ich bin Inspektor
Pryce.
Es geht um den Mord an Frau Flice.
Sie fiel letzte Nacht
in den Fahrstuhlschacht
Was haben Sie zur Tatzeit
gemacht?"

Herr Hyde ging sofort darauf ein.
"Herr Pryce, ich weiß nicht, was Sie
meinen.
Un-Fall im Fahrstuhl?
Kann ich nichts dazu!"
Er schien mit sich wirklich im
Reinen.

"Schon tot ward sie runtergestoßen,
halbnackt ohne Kleid oder Hosen.
Herr Hyde, es war Mord,
das sieht man sofort

und dieses Beweisstück lag dort."

Pryce schiebt ihm ein Foto hinüber,
Hyde schnaufte und beugte sich
drüber.
"Herr Pryce ist so heiß,
ich lieb diesen Greis!", steht unter
dem Bild von Frau Flice.

Hyde machte ein leeres Gesicht.
"Das Bild hier, das kenne ich nicht.
Wir haben nur ne Nacht
gemeinsam verbracht,
sie liebt mich, ich sie leider nicht."

"Sie haben die Dame verführt
Und damit ihr Leben zerstört.
Das ist Ihr Motiv,
doch alles lief schief."

"Herr Pryce, ich hab sie nicht
erwürgt."

"Doch sich selbst gerad überführt.
Dass Frau Flice hienied
an Luftnot verschied,
das wurd nirgendwo kolportiert."

Inspektor Pryce hat triumphiert.
Doch plötzlich war er irritiert!
Der Schatten der Schwester
zielt auf den Inspektor. Hyde hatte
sie auch schon verführt.

Subjekt

Schau mich an,
lass Dir Zeit,
lass Deinen Blick
über meinen Körper gleiten
schau, wie unwiderstehlich ich bin,
ein halbnackter Traum,
ein Baum,
mit Geschenken bestückt,
nur für Dich.
Komm her und pflück mich.

Vorhanden sein

Wo ist er bloß?
Er steckte doch, im Schloss,
als ich die Blumen goss.
Er lag im Fach,
stand oben, unterm Dach,
räkelte sich auf dem
Schlafzimmerschrank,
und schlief unter der Bank
bis kurz nach sieben.

Wo ist er geblieben?
Verdammt nochmal!
Als er noch da war,
war er mir unsichtbar,
und jetzt
schreit die Welt,
dass ihr was fehlt.

Was ist, wenn er verletzt,

halb zerfetzt,
auf der Straße sich krümmt?
Das Blut nicht gerinnt?
Zersplittert, zerbrochen,
die Knochen am Kochen,
vor Hitze im Feuer.
Er war mir so teuer.

Mein Gott, da liegt er ja!
Er ist wieder da,
obwohl er niemals
wirklich weg war.

Wellen

Wellen im Wasser,
Wellen im Gras,
Wellen auf den Feldern,
Wellen aus Kälte,
Wellen aus Hitze,
Wellen aus Stahl,
Wellen im Schall,
Wellen im Krieg,
Wellen aus Licht.
Doch die interessieren mich nicht.
Für mich einzig wahr
sind die Wellen
in Deinem Haar.

Sein und Sprache

Ich ringe
um meine Stimme,
zunächst vergebens.
Nach ein paar Sekunden,
finde ich sie, ganz unten
in meinem Innern.
Dort drinnen,
da bin ich mir sicher,
muss sich auch
mein wahres Leben
befinden.

Gleich sein

Exakt gleich.

In uns'rem Reich,
das von der Eiche bis hinter zum
Teiche reicht,
trägt man das Gleiche,
trinkt das Gleiche,
sieht gleich aus,
hört sich gleich an,
fährt einen Volkswagen,
schaufelt am liebsten
Labskaus
in seinen Magen.

Wie das geht?
Wie man
solch Identität
erreichen kann?
Das ist leicht:

In unserem Reich
lebt nur ein einziger Mann,
nämlich ich,
und ich bin allein.

Phänomene

Was macht er nur mit den armen
Kindern?
Wie kann er sie so quälen?
Und ständig dieses Zählen.

Mitten im Winter
müssen sie rennen,
so schnell sie können,
tausendfach im Kreis,
durch Schnee und Eis.
Wahrscheinlich hat der Grausame
versprochen,
den Sieger nicht zu kochen,
aber den Letzten
zu essen.

Sein Kessel wird schon heiß
vom Feuer im Eis.
Da blubbert die Brühe,

und er rührt, innerlich kühle.

Zwischendurch treibt
er die Kleinen an,
jagt sie über den Bergkamm.
Wie man nur so
gemein sein kann.

Jetzt ist es vorbei.
Die Kinder stützen
sich auf ihre Knie.
Pfützen von Schweiß
werden zu Eis.

Doch sie lächeln,
beim Atmen
und warten.
Der Mann will ihnen
Luft zufächeln.

Ich schaue mich

genauer um.
Das war kein Martyrium.
Das war keine Grausamkeit,
sondern ein Wettlauf nach Zeit.

"Willkommen, im schönsten
Sportcamp der Welt",
steht über dem Zelt.

Jetzt gibt es Suppe mit Wurst
und Limonade gegen den Durst.

Klarheit

Ein Auge aus hochpräzisen
Sensoren,
ein Ohr aus Mikrofonen,
das Gehirn aus Prozessoren.

Und dennoch sind sie verloren,
ihr Dasein zersplittert,
von tausend
widersprüchlichen Befehlen,
die sie quälen,
ohne den einen Ritter.
Die Wahrheit?
Maschinen brauchen keine, sondern
Klarheit.

Die andere Seite

Leute, ich war
auf der anderen Seite.
Dort ist wirklich alles anders,
alle sind anders,
alles sieht anders aus.

Dort gibt es keine Erde,
keine Menschen, Tiere, Pflanzen,
keine Gefühle,
keine Liebe, kein Tanzen.

Aber dort ist nicht nichts,
im Gegenteil.
Alles zeigt sich reichlich,
gar nicht kleinlich,
sogar üppig.
Es ersetzt,
was Du kennst.
Aber es ist nicht dessen Gegenteil.

Ach...
Wie beschreib ich's nur?
Stellt Euch ein Wort vor,
das keine Buchstaben hat,
keine Art von Zeichen
und dennoch alles sagt.

Strahlen
(inspiriert von J. Jarmusch)

Sie bleicht mein Haar,
sie bräunt meine Haut,
sie sprenkelt kleine Blasen in den
Asphalt der Straßen.

Sie heizt die Autos,
die Büros,
ihre Strahlen fallen,
durch die Panoramafenster,
auf die spannungsvollen,
dramatischen Szenen
hinter jedem Fenster.
Manche Leute nennen sie: Sonne.

Epiphanie

Die nackten Fakten,
machen offenbar,
was bisher verborgen war.

Sie lassen mich
hinter die Dinge schauen,
mich erschauern,
da alles verknüpft scheint,
zu einer Wahrheit,
zu einem Muster verwebt
und vernetzt,
das ab jetzt
über meinen Gedanken schwebt.

Gewitter

Es riecht nach Gewitter,
ein Blitz fährt hernieder,
es stürmt und es rüttelt.
Die Bäume
fuchteln mit Zweigen
wie von Albträumen
geschüttelt.

Es schüttet wie aus Eimern.
Regenrinnsale
spülen das Wasser
den Hang hinunter,
begleitet von Steinchen. Hoch oben
keimen
bereits die kleinen
hellen Stellen.
Bald wird es überall klar,
so, als ob gar nichts gewesen war.

Vom Ende

Es ist nicht der höchste,
nicht der schönste,
sondern der letzte Tag,
aber es ist immerhin
noch ein Tag.
Verschwende nicht das Ende.